Der Bahn-Pendler
Das leidensfähige Wesen als solches

oder

Der reine Bahnsinn!

„Reise-Impressionen"

Dirk Vogt, 1967, verheiratet, Vater von zwei Töchtern.

Begann 1998 seine Beschäftigung als Beamter bei einer Ruhrgebiets-kommune und pendelt seitdem zwischen seinem Wohnort in einer kleinen niedersächsischen Gemeinde und dem Ruhrgebiet täglich

ca. 130 Kilometer (*ein Weg*) mit der Bahn.

Im Laufe der Jahre wurden so viele Impressionen aufgenommen, dass es einfach an der Zeit war diese besondere Art von Menschen, die Tag für Tag einen weiten Weg zur Arbeitsstätte auf sich nehmen näher vorzustellen.

Menschen – Bahnbedienstete – Sensationen; so könnte man die „Zirkuswelt" rund um das Abenteuer Bahn-Pendler mit wenigen Begriffen umschreiben.

Ein Buch, das Spaß macht und für viele Insider, wie auch für „Nichtbetroffene" eine amüsante, kurzweilige Reiselektüre darstellt.

Dirk Vogt

Der Bahn Pendler

Das leidensfähige Wesen als solches

Books on Demand

Bibliografische Information der Deutschen Nationalbibliothek:
Die Deutsche Nationalbibliothek verzeichnet diese Publikation in der
Deutschen Nationalbibliografie; detaillierte bibliografische Daten sind im
Internet über http://dnb.d-nb.de abrufbar.

Herstellung und Verlag: Books on Demand GmbH, Norderstedt

Covergestaltung und
Gesamtlayout: Dirk Vogt

ISBN: 978-3-837-06792-7

Inhalt:

Die in diesem Buch vorkommenden Personen und Gegebenheiten sind frei erfunden und entspringen der Fantasie des Autors.

Ähnlichkeiten sind allerdings nicht immer rein zufällig, da die Inspiration für die Darstellung der Charaktere durchaus ihren Ursprung in den täglichen Fahrten mit der Bahn findet.

Definitionen

Wer mitreden will muss sich auskennen. Oder besser; sollte sich auskennen. Oder wie es heutzutage noch besser heißen könnte; sollte so tun, als ob er sich auskennt. Wir wollen uns aber wirklich auskennen, damit wir mitreden können und wissen, wovon wir reden, wenn es um das Thema BAHNPENDLER geht. Dabei hilft dieses Buch ungemein. Langjährige, teils schmerzhafte Selbstversuche haben einen Erfahrungsschatz aufgebaut, der geradezu darauf drängt, entdeckt und verteilt zu werden. Dazu müssen wir uns aber zunächst, wie schon gesagt, auskennen.

„Bahnpendler!"

Fast jeder kennt einen, oder einen, der einen kennt, oder hat zumindest schon mal von einem gehört. Leute, die jeden Tag wesentlich früher als andere aufstehen als man selbst, nur um zur Arbeit zu kommen. Das war's auch schon meistens, was darüber bekannt ist. Reicht natürlich nicht annähernd, um sich in die Gefühlswelt eines solchen Menschen hineinzuversetzen. Gefühlswelt? Hineinversetzen? Warum sollte man sich in Zeiten der heutigen, meist Ich-Bezogenen Gesellschaft überhaupt mit anderen befassen? Na ja, vielleicht weil ich so dem Kollegen mit dem ich tagtäglich zu tun habe und der wieder einmal kurz vor dem spätestens möglichen Beginn der Kernarbeitszeit im Büro auftaucht, so etwas mehr Verständnis im Laufe des Arbeitstages entgegen bringen kann. Ist auch für mich entspannter. Um also zu wissen, wie solche Leute ticken, sollte (*sorry, MUSS*) ich mich auskennen.

Was liegt also näher, als zuerst eine hochwissenschaftliche Definition des Begriffs **„Bahnpendler"** aufzuführen, damit eindeutig geklärt ist, womit und mit wem wir es hier zu tun haben?

Probieren wir es zunächst mit dem ersten Teil des Wortes.

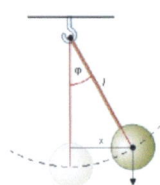

Ein PENDEL (aus dem lateinischen: *pendele* = hängen) besteht aus einer Masse am Ende eines Seiles oder eines beweglich aufgehängten Stabes.

Na super, das hat ja nun aber auch rein gar nichts mit dem geplanten Inhalt dieses Buches zu tun.

Oder hat der bahnpendelnde Kollege jeden Morgen ein Band hinter sich herziehen? Versuchen wir es besser anders:

Ein *mathematisches Pendel* ist ein theoretisches Modell zur Beschreibung von Pendelschwingungen.

Theoretisches Modell? Schwingungen? Ist eine Zugfahrt ein theoretisches Modell? Theoretisch bin ich immer pünktlich mit der Bahn und wenn nicht, kann ich durchaus auch in Schwingungen geraten.

Na, ist auch ein bisschen weit hergeholt. Vielleicht so:

Der Begriff „Pendler" nimmt auf das Pendel Bezug, wobei der Pendler zwischen Wohnort und Arbeitsstätte hin- und her „schwingt" bzw. sich bewegt.

Wenn er sich dann bewegt und nicht gerade irgendwo fest hängt, denke ich, kann man das gelten lassen.

Ein Hoch auf das Onlinelexikon „Wikipedia".

So, widmen wir uns nun der zweiten Worthälfte.

„BAHN" = **in der Mathematik die Menge aller Punkte, in die ein Element durch eine Gruppenoperation überführt werden kann.**

Wenn der gemeine Bahnreisende als Element und die Menge aller Punkte die anderen Bahnwartenden, Verzeihung Reisenden sind, dann könnte es in etwa passen. Genauer und weniger an den Haaren herbeigezogen ist sicherlich diese Deutung:

...ein schienen- bzw. anderweitig spurgebundenes Verkehrsmittel.

Na bitte, geht doch. In der Klarheit liegt die Wahrheit.

Es ergibt sich damit die Gleichung:

Bahn + Pendler = Bahnpendler, im Folgenden kurz Pendler genannt.

Die genau für diesen zusammengefügten Begriff bisher noch nicht existierende Dudendefinition könnte ungefähr so lauten:

Bahnpendler/In = „Menschen, die das Verkehrsmittel Bahn für den absolut notwendigen zur - in der Regel werktäglichen - Weg zur Arbeitsstätte, zum Erwerb ihres Lebensunterhalts nutzen"

Anhand dieser Aussagen stellen wir also fest: Man wird Pendler, weil man **MUSS**.

Nicht weil man möchte.

Ein wichtiger Aspekt könnte nun an dieser Stelle sein, warum es überhaupt so weit kommen musste. Suche ich mir einen Job nicht in der Nähe aus? Ziehe ich nicht wenigstens so nah an meinen Arbeitsplatz, damit ich eben diese täglichen Odysseen nicht auf mich nehmen muss?

Lieb gewonnene Nachbarn, die Familie in Reichweite, alle sozialen Kontakte, das eigene Haus. Unzählige private Gründe in Kombination mit ebenso vielen Argumenten für genau den Job, den ich ausführe, lassen keine Diskussion zu.

Nach unzähligen Abenden zu Hause auf dem Sofa, bei denen dem hauseigenen Taschenrechner fast schon Gefahr drohte heiß zu laufen, stellten wir fest:

Wir müssen pendeln!

Der Arbeitsplatz und der Wohnort liegen also zu weit auseinander um zu Fuß, oder mit dem Rad zur ersten Tasse des Bürokaffees zu gelangen. Wir haben festgestellt: Die Arbeitsstätte bekommen wir nicht näher an das Heim, das Heim lässt sich nicht ohne weiteres in die Nähe der Arbeitsstätte verfrachten. Der Jobwechsel kommt aus verschiedensten Gründen in der Regel nicht in Frage und die Option des möglichen Zweitwagen sprengt nicht nur wegen der monatlichen Benzinkosten definitiv unser Haushaltsbudget. Andere Kollegen, die uns im Rahmen einer so beliebten Fahrgemeinschaft unterstützen können sind nicht vorhanden. Wer sucht sich auch schon so weit von zu Hause einen Job?

Jegliche Alternativmöglichkeiten haben wir finanziell durchgerechnet, alle organisatorischen Maßnahmen haben wir untersucht. Es nutzt nichts.

Wir müssen!

Auf diesen Moment hat das unheimliche **Bahnpendlermonster** nur gewartet und streckt nun unerbittlich seine langen Krallen nach uns aus.

Also gut, bleiben wir ruhig und realistisch. Polemik ist hier völlig fehl am Platz. Ein neuer Lebensabschnitt beginnt. Zwischen einer und bis zu über drei Stunden am Tag werden wir nun in bequemen Regionalbahnen, Intercitys oder vielleicht sogar ICE´s verbringen. Eventuelle Warte- oder Umsteigezeiten noch dazugerechnet. Wir versuchen zu diesem Zeitpunkt zu retten, was noch zu retten ist. Das Optimale aus dieser Situation herausholen ist nun angesagt.

Wir erarbeiten erstmals unsere Fahrtstrecke. Im Organisieren sind wir gar nicht so schlecht und Zugverbindungen gibt es im Prinzip doch genug.

Wir werden es wahrscheinlich schaffen, ohne größere Schwierigkeiten eine Fahrtstrecke herauszusuchen, die uns direkt zum Ort unseres Schaffens und wieder nach Hause befördert.

Mit dieser Naivität gehen wir die Wege der Informationsbeschaffung durch.

Wir wollen ja nur von A nach B – und zurück.

Auswahl der Strecke

Das Kapitel kann eigentlich in zwei Zeilen erledigt sein. Ich weiß wo ich wohne und ich weiß wo mein Büro ist. Was kann beim Kauf einer Dauerfahrkarte daran schwer werden?

„Ich wohn´ hier auf dem Land und muss dort in den Kohlenpott." Mit diesen Worten können wir an einem Serviceschalter der Bahn antreten in der Hoffnung MAL EBEN die schnellste, billigste und organisatorisch beste Route in zwei Minuten wieder mit nach Hause zu nehmen. Das Ergebnis dieser ersten Alternative der Routenplanung wird uns nicht zum letzten Mal auf den Boden der Bahnwelt zurückholen.

„Ähm, Moment, besser mit Bahncard, Monatskarte, Jahresabo?
Mit oder ohne IC-Zuschlag?
Bei der Entfernung könnte auch sogar ein ICE interessant werden.
30 € drauf und sie sparen 8 Minuten am Tag.
Sollen auch ihre Angehörigen die Karte nutzen dürfen?
Wenn sie hier diesen kleinen Umweg von 30 Km und einer halben Stunde in Kauf nehmen wird das im Verkehrsverbund locker 2,50 € im Monat billiger!"

Wie, was? Ich wollte doch nur.....
Plus 30 €, minus 8 Minuten oder was war das? Minus 2,50 € und dafür plus 30 Minuten?
Das wird mir jetzt aber zu komplex hier am Schalter. Ich wollte doch nur ganz spontan …

Und das vor den ganzen Leuten, die wie ich zwischen zehn und dreißig Minuten geduldig gewartet haben, um von diesem allwissenden Orakel hinter der Theke in blauer Uniform eine Auskunft zu bekommen. Jetzt habe ich den Salat. Das Orakel weiß mehr als ich gefragt habe.

Wie früher in der Videothek: „Ich hol´ uns mal eben einen Film für heute Abend." Wenn du da nicht vorher genauste Vorstellungen über den geplanten Verlauf des Abends hattest, warst du verloren. Da stand man dann vor den kilometerlangen Regalen und konnte sich vor lauter Überangebot so gar nicht entscheiden.

Ähnlich überfordert lächele dem Orakel gequält dankend zu und versuche mich so stilvoll wie möglich aus dieser Situation zu bugsieren.

„Ich werde die Angebote noch einmal in Ruhe durchgehen, danke schön."

Für dieses „Nichtergebnis" ernte ich böse Blicke der Wartenden hinter mir, denen ich ganz offensichtlich eine Menge Zeit gestohlen habe. Tja, schon toll wenn man genau weiß, was man will.

Wer hätte gedacht, dass hier bereits erste wichtige Entscheidungen aus einer Fülle von Auswahlmöglichkeiten getroffen werden müssen? Es wird sinnvoller sein, wenn ich zu Hause meine Internetkenntnisse nutze und versuchen werde, ganz in Ruhe meine neue zukünftige Tagesroute mit den dazugehörigen Kartenmöglichkeiten auszuwählen.

Vielleicht mit einer Alternaivstrecke, falls irgendwo eine Verspätung eintritt. Soll vorkommen, habe ich gehört.

Mit den besten theoretischen Vorplanungen im Kopf habe ich nach einer halben Nacht morgens um halb drei die optimale Streckenführung für mich gefunden. Glaube ich.

Nur ein Umstieg und dann sogar per Intercity. Na ja, die 130 Kilometer wollen bewältigt werden. Da gehört schon eine gewisse Konzentration dazu, will man nicht den Überblick verlieren.

Mit einer innerlichen Anspannung lege ich mich schlafen und strebe meinem ersten Arbeitstag als Pendler entgegen. Der nächtliche Toiletten-gang (*den es sonst gar nicht gibt!*) wird kurz genutzt, um noch einen Blick auf den vorbereiteten Zettel zu werfen. Gleis 5 und anschließend umsteigen auf Gleis 12. Wusste ich doch. War ja nur noch mal zur Sicherheit.

Nachts um drei!

Sparen wir uns nähere Erläuterungen über Einzelheiten in den ersten Tagen unserer Pendlerkarriere. Immerhin passt die Verbindung.

Das heimliche Durchblättern des Kurskatalogs der Volkshochschule brachte nichts. Wie kann man auch nur erwarten dort einen Kurs mit der Bezeichnung: *„Richtiges Vorbereiten auf das Pendeln"* oder *„Pendlereinstieg leicht gemacht"* zu finden.

Die anfänglichen Wochen, gespickt mit weiteren Ernüchterungen und dem leichten Verlust des Glaubens an Begriffe wie „Beinfreiheit" oder „garantierter Sitzplatz" in Verbindung mit dem Bahnreisen haben wir tatsächlich irgendwie überlebt.

Es fällt auch bisher im Büro kaum auf, dass man fern ab von jeglicher Kontinuität die unterschiedlichsten Arbeitsanfangszeiten mehr oder weniger gewollt austestet. (*Austesten muss*)

Der Erfinder der Gleitzeit im Arbeitsalltag war Bahnpendler, da bin ich mir sicher.

Und die bisherigen positiven Lebenserfahrungen unserer täglichen Abenteuerreisen bestehen zur Zeit noch allein aus der Blondine, die immer in A-Dorf zusteigt.

Ziemlich weit vorne, das weiß ich schon!

Man trifft Leute

Und damit sind wir auch gleich schon beim nächsten Punkt.

Die Familie. (*Entfernte und nahe Verwandte*)

Nicht nur die junge Dame, (*die uns sogar nach dem Umsteigen noch weiter begleitet*) sondern auch so manch anderes Gesicht wird uns im Laufe der Zeit immer vertrauter. Ganz sicher wäre bahnpendeln (*tolles Verb*) für jeden Studenten der Sozialwissenschaften ein Schlaraffenland. Man sollte ein Semester „**Pflicht-pendeln**" einführen bei diesem Studienzweig. Das wahre Leben bietet hier mehr an praktischem Anschauungsmaterial, als jeder Professor im Hörsaal vermitteln könnte.

Da die Pendlerkarriere in der Regel von etwas längerer Dauer sein wird, erschließen sich uns unzählige Möglichkeiten des zwischenmenschlichen Beziehungsaufbaus. Für Blondie brauchen wir noch eine Taktik, aber auch alle anderen können mir (*und ich ihnen*) so oder so nicht ausweichen.

Wieso fährt ein Maler täglich fast 50 Kilometer mit mir im Zug? So viel verdient der doch gar nicht, dass er sich diese Dauerfahrkarte leisten kann. Was bleibt denn da im Monat noch über? Sicher ein Schwarzarbeiter. Wie man weiß, verdienen die ganz gut, so auf die Hand, ohne Steuer.

Könnte aber auch Alkohol im Spiel gewesen sein. Ich muss mal beobachten, wie lange der Führerschein noch weg ist. Aber eigentlich grüßt der morgens recht freundlich. Als einer der wenigen Zusteiger unterwegs. Wenn nur der Lösungsmittelgeruch nicht wäre, so auf nüchternen Magen.

Dann wäre da auch noch die etwas zu grell geschminkte Rothaarige. So Mitte 50 und ihre beste Zeit bereits hinter sich. Wobei sie das nicht weiß oder nicht wissen will. Auf jeden Fall steigt sie ein, als würde ihr der Zug gehören. Das sie sich vom Schaffner nicht die Hand reichen lässt ist alles. Aber dann zweite Klasse mit uns, dem normalen Pöbel. Und wehe, es setzt sich im Laufe der Fahrt jemand neben sie. Abgesehen davon, dass es lediglich als Magermodel möglich ist, neben ihrem Kunstpelz genug Platz zu finden, bekommt jeder, der es wagt den Bereich direkt neben ihr zu besetzen einen bitterbösen Blick. Hat die das hier in ihrem Alter noch so nötig?

Wahrscheinlich ja!

Knallroter Lippenstift und dann Kastanienfarbe auf der hochtupierten Frisur. Das geht gar nicht. Chefsekretärin bei einem mittelmäßigen Klein-unternehmer. Todsicher. Womöglich beim gleichen Betrieb wie der Maler? Der Geruch ihres Parfüms übertüncht auf alle Fälle jedes Lösungsmittel.

Und dann Dieter.

Dieter L. aus H.

Auf solche Begegnungen freut man sich quasi jedes Mal aufs Neue. Wenn Dieter morgens in die Regionalbahn steigt gibt es meist ein großes Hallo. Dieter kennt viele. Und viele kennen Dieter. Jedenfalls hat das irgendwann den Anschein. Mit der Figur einer umgedrehten Kaffeetüte, verpackt in ein Sakko und verschnürt mit einer mehr oder weniger passenden Krawatte, wirft er seinen Astralkörper täglich völlig abgehetzt in den Zug.

Stress pur um 5:40 Uhr morgens in Deutschland. Ich werde mal mit ihm über seinen Zeitablauf morgens reden müssen. Gelegenheiten wird es ja noch genug geben.

Mit Dieter kommt man ins Gespräch. Ob man will oder nicht. Man kann ja auch schlecht ausweichen. Wenn er deinen Wagen erwischt hat, war es das. Penetrante Freundlichkeit gepaart mit einem unheimlichen Drang Mitteilungsbedürfnis. Es gibt so Leute, denen kann man einfach nicht böse sein, selbst wenn sie nervig sind. Spätestens wenn Dieter seinen näheren Zugbekannten (*zu denen ich Gott sei Dank nicht gehöre*) von den Heldentaten am Wochenende ausführlich berichtet hat, ist man dran. Unausweichlich. Man muss mitanhören wie er als der einzig wahre Mittelfeldstratege in seiner Altherren Fußballmannschaft das Heft mal eben selbst in die Hand genommen und ein verloren geglaubtes Spiel persönlich aus dem Feuer gerissen hat. Oder man erfährt von alten Heldentaten aus seiner Zeit als Motorradrocker. Aber egal, es gibt Schlimmeres.

Besonders lustig wird es aber erst dann, wenn Dieter auch nach 30 Minuten Fahrt umsteigen und genauso wie ich den Intercityanschluss im nächsten Bahnhof erreichen muss. Bereits 10 Minuten vor der Ankunft steht er vor der Zugtür, um in der knapp bemessenen Umsteigezeit von theoretischen 2 Minuten den Weg über drei Bahnsteige zu schaffen. Das heißt für ihn, sich strategisch günstig an der Tür im richtigen Wagen, nicht zu weit weg vom Treppenausgang am Bahnsteig zu positionieren. Wenn der Zug dann wider Erwarten etwas weiter rollt als üblich und der Weg über den Bahnsteig zu weit wird, möchte ich nicht in der Haut des Lokführers stecken. Denn trotz aller Eile schafft Dieter es dann immer noch, ihm im Vorbeirauschen ein paar passende Kommentare zukommen zu lassen.

Um für den Anschluss auf Nummer sicher zu gehen, wird nach Möglichkeit schon während der Fahrt zusätzlich jeden Tag der Zugbegleiter dahingehend instruiert, doch bitte dafür zu sorgen, dass der Intercity auch ja wartet, falls wir uns leicht verspäten sollten. Und da diese leichte Verspätung mit schöner Regelmäßigkeit eintritt, erleben wir dieses herrliche Schauspiel – jeden Morgen. Dieter raus aus dem Zug und im Spurt bis zur Treppe. Menschen auf den Bahnsteigen werden zu potentiellen Kegeln. Und meist schafft es Dieter laut schimpfend sich noch in die Intercitytür zu retten. Zum Glück für uns anderen Umsteiger. Chef Dieter hält uns die Türen auf und dem Schaffner des Intercity einen Vortrag über das Zeitmanagement der Bahn.

Geht doch.

Wenn wir uns an manchen Morgenden nicht auf Dieter verlassen wollen, fahren wir einfach noch einen Zug früher ab. Halb so aufregend, aber wesentlich entspannter. Und wesentlich mehr Zeit zum Umsteigen und somit für Zwischenzeiten. Aber dazu später mehr.

Hat man den Intercity dann mit Dieters Hilfe erst einmal geschafft, wird es nicht weniger interessant.

Wir treffen den gestriegelten Jüngling, Typ Möchtegerndandy, mit wesentlich zuviel Gel im absolut korrekten Haarschnitt. Dieser Bank-kaufmann im zweiten Lehrjahr macht einen auf Wall Street, trägt gut sichtbar die Financial Times unterm Arm und wirkt auch ansonsten absolut seriös. Im Zug allerdings wird heimlich der I-Pod angeworfen und irgendein aktueller Charthit dringt bis zu meinen Ohren. Es sei denn, die Blondine taucht auf. Dann wird sofort die Seite mit den Aktienkursen auf dem Weltmarkt aufgeschlagen und wichtig geblättert.

Hey, ich hab´ sie zuerst gesehen.

Im Gegensatz zu den drei Fragezeichen allerdings ist unser Dandy harmlos. Diese drei Herren unterhalten sich sitzübergreifend (*man sitzt alleine in einer Zweierreihe*) viel zu laut über gruppendynamische Prozesse, die man als Leiter der Arbeitsgruppe ja ach so schwer steuern kann.

„Den Maier, den werde ich mir mal vornehmen. Der passt so gar nicht in mein Teamkonzept." Boah, wie wichtig!

Und dann fahrt ihr nicht erste Klasse?

Sorry, geht ja gar nicht, dann würde niemand zuhören.

Auch ganz toll ist die Entwicklung der kleinen Diane. Soweit ich das aus den bisherigen Gesprächen nachvollziehen konnte ist Diane im dritten Schuljahr. Besonders in der Rechtschreibung haben die Fehler bei der Groß- und Kleinschreibung deutlich nachgelassen.

Findet Ulrike. Und das teilt sie ihrem mitfahrenden Lehrerkollegium von Münster bis Recklinghausen auch täglich mit. Ulrike ist das Sprachrohr einer Viererbande von Pädagogen, die zwischen intellektuell und alternativ jedes Klischee bedienen können. In einer ähnlichen Lautstärke wie bei Dieter gibt es hier täglich den neuesten Leistungsstand der armen Grundschulkinder für den halben Intercitywagen frisch aufgetischt.

Weitere Höhepunkte im täglichen Leutetreffen werden dann häufig die Tage, an denen man sich entschließt (*oder auf Grund betrieblicher Unzulänglichkeiten entschließen muss*) statt des Intercitys den Regionalexpress zur Weiterfahrt zu nutzen. Hier trifft man an Schultagen dann genau die armen Grundschulkinder, von denen man bisher nur die Rechtschreibschwächen kannte. Zu Hunderten quetschen sie sich in die, in der Regel schon vollbesetzte Bahn, um dann zwei Stationen weiter beim Öffnen der Türen nach draußen katapultiert zu werden. Zwischen diesen beiden Stationen aber erfährt man in ungefähr 12 Minuten alles, was man so als Erziehungsberechtigter für die eigene Kindererziehung unbedingt wissen sollte.

Welche Klingeltöne auf jeden Fall auf dem Handy sein müssen - welche Spiele bei der Play Station 3 so gar nicht gescheit laufen - oder einfach nur wo man illegal kostenfrei die neuesten Hits im MP-3 Format für den I-Pod herunterladen kann. Der ganz normale Gedankenaustausch unter Achtjährigen also. Und das immer brandaktuell aus erster Hand. Das hält jung.

Ich kann da nur sagen: Hut ab. Als ich in den Achtzigern auf dem Schulweg zur Grundschule war, (*zu Fuß wohlgemerkt*) war ich froh, wenn ich wusste, dass Gerd Müller am Wochenende bei den Bayern wieder drei Buden gemacht hat. Aber OK, das sind Infos, die erfährt man heute von Dieter, der übrigens Fan des FC Bayern ist, wie jeder im Zug inzwischen weiß.

Ich nehme fast an, dass es nirgendwo anders einen solchen umfassenden Einblick in die verschiedensten sozialen und intellektuellen Schichten unserer Gesellschaft gibt, wie hier im täglichen Zugverkehr.

Auch, oder besser besonders die Entwicklung und Veränderung von langjährigen Reisebegleitern oder Musspendlernkollegen ist ein äußerst interessantes Schauspiel. Da trifft man Kameraden aus alten Bundeswehrtagen oder sogar noch ältere ehemalige Schulbekannte.

„Man, Du auch? Wohin genau geht deine tägliche (Tor-) Tour? Wie bist du denn dahin gekommen?"

Man stellt fest, dass man mit seiner aufgezwungenen Reiselust nicht ganz alleine ist und freut sich insgeheim, dass auch andere es nicht geschafft haben, zwischen dem morgendlichen Aufstehen und dem ersten Bürokaffee weniger als eine Stunde zu bringen, wie es sonst meistens in der näheren Nachbarschaft auf dem Dorf üblich ist.

Irgendwann weiß man fast alles voneinander; Die Geburtstage anderer Ehefrauen und der Kinder. Bekommt auch von dieser Seite wieder ein wenig über Rechtschreibschwäche zu hören, und weiß bereits, auf welche örtliche Schule die eigenen Kinder sicher nicht gehen sollten. So weit, so gut. Und dann – peng! Der liebe Kollege und Familienvater steht eines Tages händchenhaltend auf dem Bahnsteig. Das wäre nicht weiter verwunderlich, würde das Anhängsel nicht genau die junge Dame sein, die im gleichen Betrieb wie unser Freund arbeitet und uns als Bahnpendlerin ebenfalls schon gut und lange bekannt ist! Wie gesagt, als Pendlerin und nicht als Händchenhalterin.

Moment mal, haben wir was verpasst? Zuerst schaut man leicht irritiert weg, um dann in den nächsten Tagen umso genauer zu beobachten. Unweigerlich (*Stichwort: Unausweichlich*) kommt man dann darauf zu sprechen und stellt fest, dass sich die zwei nicht unbedingt gesucht, aber dennoch gefunden haben. So kann es in der Tat kommen.

Wie weit fährt die Blondine noch mal genau?

Es kann aber auch passieren, dass manch anderer monatelang nicht gesehen wird. Gemeinsam mit dem Rest der Pendlerfamilie werden die spektakulärsten Versionen durchgegangen. Hat er seine Job verloren? Ist er vielleicht schwer krank? Früher oder später weiß jemand dann genaueres oder er ist eines Tages einfach wieder da und wir erfahren, dass es heutzutage durchaus modern ist, wenn auch Männer eine Babyauszeit nehmen. Stimmt, da war doch was mit Schwangerschaft.
Na ja, man wird sich ja noch Gedanken machen dürfen –
so in der Bahn-Familie.

Und so erleben wir die ersten grauen Haare beim ehemaligen Schulkollegen. (U*nd **er** merkt es noch vor unserer eigenen Frau bei uns selber*) Wir sehen Beziehungen kommen und gehen und wundern uns immer noch über den Maler.
Wie gesagt, Sozialwissenschaften, Pflichtunterrichtsfach.

Verspätungen

Welche Worte fallen ihnen ein, wenn sie auf einem Bahnhof plötzlich für eine Umfrage (*bei der Bahn macht man gerne mal Umfragen*) Begriffe aus dem Bahnalltag nennen müssten?

Bei der beliebten uralten Fernsehsendung „Familienduell" würden sie mit dem Wort „Verspätung" sicher bei ca.98% landen.

In der weiteren Befragung, in der sie vielleicht die Gründe von möglichen Verspätungen nennen sollten, müssten sie schon auf ein wenig mehr Insiderwissen zurückgreifen. Schon allein aus Gründen dieser Popularität des Begriffes „Verspätung" in Verbindung mit der Bahn müssen wir dieser Thematik in einem gesonderten Kapitel unsere Aufmerksamkeit widmen.

Wenn wir die „offizielle" Liste der Bahn abarbeiten, stellen wir fest, dass für jeden etwas dabei ist. Abwechslungs- und fantasiereich wie sie ist, hält die Bahn hier für jeden Geschmack etwas bereit.

Der Technikfreund kommt ebenso wenig zu kurz wie der Naturfreund oder der Menschenfreund mit pädagogisch ausgeprägten Zügen. (*Wortspiel*)

Im Gegensatz zu den unfreiwilligen Wartezeiten auf mehr oder weniger nett gestalteten Bahnsteigen, bieten die ersten beiden der nun folgenden beschriebenen Verspätungsmöglichkeiten immerhin noch die Möglichkeit sich bezüglich des Warteterretoriums spontan und gemütlich in einem Zuges überraschen zu lassen.

„Bahnübergangstörung" In Fachkreisen auch „BÜS" genannt, bedeutet meist im Winter, (*das ist allerdings keine Voraussetzung*) dass die

Lokomotive mehr oder weniger lange auf freier Strecke stehen bleibt, damit der bedauernswerte Lokomotivführer oder der Zugbegleiter (*der früher Schaffner hieß*) aussteigen und zum direkt vorausliegenden Bahnübergang laufen muss, um dann wichtigerweise dafür zu sorgen, dass die Fahrt fortgesetzt werden kann. Unabhängig davon, wie viele Züge bereits vor uns das Problem hatten wird es überraschend und völlig unerwartet auftauchen und mit großer Sicherheit auch die nachfolgenden Züge zu einem kostenlosen Besichtigungshalt der heimischen Flora und Fauna einladen. Aber leider, leider wird uns dieses Zusatzangebot nicht übermäßig lange angeboten. Spätestens wenn auch der letzte Verantwortliche (*in welcher Form auch immer*) Wind von diesem Angebot bekommen hat, können wir sicher sein, dass sich jemand befugt fühlt, diesem Vergnügen mittelfristig ein Ende zu bereiten. Kompliziert kann es werden, wenn diese Störung vor einem Haltebahnhof auftritt. Gerade die Durchsage, dass in wenigen Minuten der Bahnhof XY erreicht wird und dann die Störung. Ganz schnell eine weitere Durchsage. Einige Reisende würden nämlich sonst beim Halt auf freier Strecke aussteigen, weil sie glauben, dass wäre der Bahnhof. Nein wirklich, solche Leute gibt es. Und damit das nicht passiert, wird gebeten, doch bitte nicht auszusteigen. Man muss alle Arten von Fahrgästen berücksichtigen.

Meist eine typische Wintergeschichte kann die allseits beliebte „Weichenstörung" sein. Glykol im Wein – ok, Frostschutz im Autokühler – na klar, aber so eine Weiche der Bahn ist da schon ein ganz anderes Kaliber. Da kann man nicht so einfach einen guten Riesling draufkippen und ist dann frosttechnisch auf der sicheren Seite. Da muss man sich schon etwas anderes einfallen lassen, damit einen jedes Jahr zur gleichen Jahreszeit plötzlich und unerwartet der auftretende sibirische Frost nicht überrascht. Der Aufenthalt im Zug wird in diesem Fall auf unbestimmte Zeit verlängert. Als Beruftätiger ist man da schon froh, dass nicht einfach bis zum Frühling und den ansteigenden Temperaturen gewartet wird. Die eigene Gleitzeit kann aber auch hier arg strapaziert werden.

Bei diesen beiden vorangegangenen Begründungen kommt sowohl der bereits erwähnte Technikfreund wie auch der Naturfreund auf seine Kosten. Während die mechanischen Ursachen dieser Phänomene von der mitreisenden Fachwelt kontrovers diskutiert werden können, (*mit oder ohne Zugbegleiter*) genießt der Naturfreund so manches Schauspiel vor seinem Fenster.

Entfernen wir uns aus den kalten Jahreszeiten und wenden uns den Problemen des Sommers zu. „*Böschungsbrand*‘.
Selbstentzündung oder wieder mal diese pubertierenden Gören. Andere Ursachen sind für diese heiße Geschichte eher unwahrscheinlich.
Absolut klar, dass eine 40 Tonnen Lokomotive keine Nebelscheinwerfer besitzt und dass das Gleisbett aus Schotter bei Temperaturen von gut über 100 Grad schon mal der Gefahr des Schmelzens ausgesetzt ist. Oder wollen sie womöglich von herabtropfenden Kupferleitungen in ihrem Abteil gefährdet werden? Nein, das ist schon in Ordnung. Sicherheit geht vor. Und somit sind diese Böschungsbrände nicht zu unterschätzen und zu Recht ein Grund, den Bahnverkehr an dieser Stelle auszusetzen bis die Gefahr gebannt ist. Und zwar restlos.

Jahreszeitlich nicht so abhängig, dafür wiederum technisch ganz weit vorne einzuordnen ist die *„Oberleitungsstörung"*. Dies ist für den gemeinen Pendler eine durchaus interessante Variante, da sie Anlass zu unendlichen Spekulationen geben kann. Befindet sich der eigene Zielbahnhof noch in angemessener Entfernung kann die Zeit genutzt werden, um sich mit Leidensgenossen über die mögliche Ursache dieser Störung auszutauschen. „Oberleitungsstörung". Cool. Woran liegt´s? Eine übergewichtige Krähe lässt sich auf einer wichtigen Leitung nieder und bringt damit locker 300 Bahnkilometer zum Erliegen? Oder vielleicht doch wieder die spielenden Kids, die zentnerschwere Baumstämme in vier Meter Höhe wuchten? Sturm? Ist gerade nicht. Was natürlich nicht heißt, dass die Bahn an ihren Strecken nicht immer wieder Opfer des einheimischen Holzwurms werden kann, der sich in fieser und gemeiner Manier ausgerechnet die unmittelbar und in einem günstigen Winkel zur Oberleitung stehenden Bäume für seine Gräueltaten aussucht, um sie dann in sabotierender Weise auf die guten Kupferkabel fallen zu lassen.

Von dieser Art der zusätzlichen Freizeitgestaltung werden wir allerdings selten auf freier Strecke, sondern bereits im Bahnhofsbereich betroffen. Als Variationsmöglichkeit geht hier vielleicht noch: Bereits im Zug oder noch vor der Anzeigentafel.

Wenn wir gerade bei der Technik sind: Baustellen gibt es nicht nur auf deutschen Autobahnen, nein auch im deutschen Schienennetz sind Ausbesserungen manchmal unabdingbar. Aber keine Sorge, das kriegt man mit. Selten werden diese Arbeiten in den nicht so verkehrsreichen Stunden durchgeführt. Als Pendler ist man meist Zeuge von tage- wochen- ja monatelangen Verschlimmbesserungen am Verkehrsnetz der Bahn.

Fairerweise muss man sagen, dass es wirklich nicht immer Arbeiten sind, die innerhalb kurzer Zeiträume erledigt werden können. Gleiserneuerungen dauern eben ihre Zeit. Gut, so mancher ungeplante Erdrutsch, so mancher auf Grund starker Regenfälle weg geschwommene Erdwall verzögert dann zusätzlich. Aber der Bahn hier Absicht zu unterstellen ist ausnahmsweise mal fehl am Platz. Obwohl festgestellt werden kann, dass seltsamerweise auf diesen Baustellenstrecken unterschiedliche Zeiten zustande kommen können. Und das wundert dann doch wieder ein wenig. An einigen Tagen fährt der Intercity mit Schrittgeschwindigkeit für eine halbe Stunde durch die Baustelle und weit darüber hinaus. Einen Tag später schafft es der gleiche Zug mit Volldampf absolut im Plan zu bleiben. Ja, der Reisende hat keine Ahnung von den sich täglich ändernden Arbeitsfortschritten und Sicherheitsbestimmungen auf der Baustelle, ist schon klar. Das Seltsame: Der Zugbegleiter auf vorsichtige Nachfrage auch nicht! Muss er vielleicht aber auch nicht. Auch wenn es schön wäre, wenn eine halbwegs adäquate Auskunft zur voraussichtlichen Ankunftszeit gegeben werden könnte.

Je nach Tagesform des Lokführers kann es sogar vorkommen, dass einige planmäßige Haltepunkte ganz spontan gar nicht angefahren werden. Das heißt; Angefahren schon, aber gehalten wird dort nicht, da die verlorenen Minuten der Schleichbaustelle ja irgendwie wieder reingeholt werden müssen. Überflüssig zu erwähnen, dass meist die eigene Haltestelle betroffen ist. Ich habe schon gemäß meines inneren Weckers aussteigfertig an der Zugtür gestanden und konnte dann mit unverminderter Geschwindigkeit meinen Bahnhof einmal aus der „Durchfahrperspektive" ansehen. Witzig an dieser Situation war eigentlich nur der erstaunte Blick des Schaffners, der ebenfalls an der Tür, direkt hinter mir bereit zum

Aussteigen stand. Na gut, fahren wir eben als Schwarzfahrer eine Station weiter, um dann mit einem Kurzstreckenticket wieder zurück zu unserem eigentlichen Zielbahnhof zu gelangen. Das nächste Mal sind wir schlauer und steigen eine Station VOR unserem Bahnhof aus, um mit der nächsten Bimmelbahn direkt anzukommen. Wahrscheinlich hören wir dann von anderen Pendlerkollegen, dass an diesem Tag ganz planmäßig ALLE Haltepunkte angefahren wurden. Kann schon passieren. Aber da muss man durch, sonst kann man gerade unter diesen Mitleidenden gar nicht mehr mit tollen Geschichten angeben.

Das Repertoire ist aber noch lange nicht aufgebraucht. Manchmal habe ich das Gefühl, das innerbetriebliche Vorschlagswesen bei der Bahn beinhaltet auch das Weiterführen von neuen Ideen in Sachen Verspätungsgründe.
„Schaden am Triebfahrzeug" ist ein ganz wichtiger Grund und hat sicherlich zu seiner Zeit einige Hundert Mark an Prämie gebracht. Wenn man überlegt, dass der ADAC tagtäglich Hunderte, wenn nicht Tausende male ausrücken muss, um liegen gebliebene Autos zu retten, wundert es nicht, wenn dieser Verspätungsgrund sogar noch glaubwürdig klingt. Was mich allerdings bei der Aussage ein wenig stutzig macht, ist die Tatsache, dass „meine" Züge in der Pannenstatistik ganz vorne liegen. Das ist wie ein Fluch, immer auf diese Montagsloks zu treffen. Beziehungsweise NICHT zu treffen, da sie meistens erst gar nicht bei mir ankommen und ich somit nicht weiterkomme.
So, weiter geht´s. Kommen wir zu einer Möglichkeit bei der ausnahmslos alle Bahnreisenden Verständnis aufbringen.

„*Personen im Gleis*". Damit das Verständnis auch auf jeden Fall eintritt kommt diese Geschichte meist mit dem Zusatz: „Kinder im Gleisbereich". Ui ui, da muss man natürlich vorsichtig sein. Wenn Kinder in Gefahr sind, ist damit nicht zu spaßen. Wenn es denn so ist!

Aber dieses *„Kinder-in-Gefahr-Verständnis"* wird ja wohl niemand benutzen, wenn es nicht stimmt, oder?

Weit weniger verständnisvoll ist nach meinem Dafürhalten dann schon die Ansage „*Langsamfahrender Zug voraus*". Das geht ja gar nicht. Rechts ran mit der Gurke und dann links dran vorbei. Da wird eine organisatorische Höchstleistung erbracht, (*das meine ich im Ernst*) indem die Fahrpläne auf die Minute genau ausgeklügelt werden und dann nimmt einem so ein „*gestrickte Klorolle auf der Heckablage Lokführer*" den ganzen Schwung. Was soll das? Wenn Bauer Hermann mit dem Trecker auf der A1 ganz links Vollgas gibt, ist aber ruck zuck die Verkehrsaufsicht vor Ort. Und hier? Nun, da will ja nur jemand nach einem langen Arbeitstag zügig nach Hause um wenigstens pünktlich mit der Familie am Abendbrottisch zu sitzen. Aber da zieht keiner den Schleicher aus dem Verkehr.

Im Gegensatz zu der Tatsache, dass man bei der Geschichte wenigstens **IM** Zug sitzt, erfreut sich folgende Durchsage auf dem Bahnsteig immer großer Beliebtheit:

„*Aufgrund zu später Bereitstellung des Zuges verzögert sich die Abfahrt um ......*"

Ja hallo, zu späte Bereitstellung? Wenn ich morgens meinen Wecker zu spät bereitstelle ist der Zug auch weg. Und wenn dem Lokführer das passiert stehen alle dumm rum. Na super.

Was könnte sonst noch der Grund für eine „zu späte Bereitstellung" sein? Den verschlafenen Lokführer hatten wir schon. Kommt eventuell noch ein technisches Problem in Frage. Oder ein organisatorisches. Ich habe von Lokführern gehört, die ihre Lok erst mal suchen mussten, weil sie nicht dort stand wo sie hätte stehen sollen. Ja ja, wenn ich am Wochenende lange unterwegs war kann es passieren, dass ich auch nicht mehr weiß wo mein Auto steht.

Aber da wollen auch nicht Dutzende von Menschen mitfahren!!!

Jetzt aber mal genug mit Lästern. Freundliche Verspätungsgründe gibt es aber auch bei der Bahn. Und das ist erst einmal tatsächlich kein Widerspruch. Jedenfalls kein offensichtlicher. Was sich zunächst nach Kundenfreundlichkeit anhört ist bei genauerer Betrachtung nur der schwache Versuch die eigene Fehlorganisation anderen in die Schuhe zu schieben. Die Rede ist von Verspätungsgrund Nr. **10**! Der da lautet: „*Warten auf Anschlussreisende!*" Diese Ansage kann einen in der Regel nur treffen, wenn man sich ebenfalls bereits **IM** Zug befindet. Meistens so um den Moment herum, wenn man gerade denkt: "So, könnte jetzt eigentlich losgehen". Was das mit Fehlorganisation zu tun hat? Und warum es gar nicht so freundlich ist, wie es klingt? Ich will versuchen es zu erläutern.

Es handelt sich um immer um mindestens zwei involvierte Züge. Zug A und Zug B.

Zug A hat mit uns seine Abfahrtzeit erreicht und in genau diesem Moment kommt die betreffende Durchsage durch die Bordlautsprecher. Der leicht aufziehende Groll bezieht sich nun nicht auf die Bahn, sondern auf die so genannten Anschlussreisenden. Klar, immer diese Zuspätkommer. Wenn die nicht wären, wäre ich pünktlich **los**gekommen und – was noch wichtiger ist – pünktlich **an**gekommen. Denn dass ich nun noch meinen Anschluss bekomme ist mehr als fraglich. Meist passt das nämlich genau NICHT. Entsprechend freundlich werden die abgehetzten Zusteiger dann auch begrüßt: „ Ein Zug später hätte es auch getan" oder „DEN Anschluss braucht ihr doch gar nicht" und so weiter und so weiter. Ist eigentlich super. Morgens um fünf ist direkt Stimmung im Zug. Und letztlich vergisst man ganz, dass die eigentliche Verspätung bereits im Vorfeld von ganz oben, gründlich geplant war.

Das Schlimmste an diesem Warten ist, dass von den Zugestiegenen dann ungefähr zwei Leute den Anschluss im nächsten Bahnhof überhaupt benötigen, diesen aber durch ihr eigenes Verschulden gar nicht bekommen und an die 30 weitere Bahnpendler dadurch ebenfalls ihren Anschluss verpassen. Macht ein Minus von 32 statt 2 wenn wir nicht gewartet hätten. Aber die Bahn war freundlich: „Warten auf Anschlussreisende".

Streik!

Kein echter Verspätungsgrund und auch nicht so häufig angewandt ist eine Arbeitsniederlegung bei Arbeitnehmern, welche in irgendeiner Form mit der Institution Bahn verbunden sind. Zu erwähnen aber, weil die ein oder andere kleine streikbedingte Beeinträchtigung unsere wertvolle Arbeitszeit durchaus beeinflussen kann.

Kein Verspätungsgrund deshalb, weil meist direkt gar nichts mehr geht und somit selten Verspätungen im engeren Sinne eintreten. Hier reden wir von der allseits beliebten *„Zug fällt heute aus"* Anzeige auf der Informationstafel am Bahnsteig. Da kann natürlich bis auf die bösen Mitarbeiter niemand etwas für - ist klar. Während wir in diesem Fall noch über die Tarifpolitik der Bahn und ihre möglichen Auswirkungen nachdenken, suchen wir schon automatisch an der Fahrplanwand die nächstmögliche Verbindung, in der Hoffnung, dass diese dann auch zustande kommt. Im Kopf überschlagen wir schon mal grob das weitere Minus auf unserem Gleitzeitkonto und freuen uns auf die mitleidigen Blicke der Kollegen.

„Nein, nein, ich habe heute einfach mal ausgeschlafen." Spätestens wenn der erste Kollege aus der Tageszeitung über den Streik berichtet, ist diese Ausrede enttarnt und die Blicke werden noch mitleidiger.

In Zusammenhang mit diesem oder ähnlichen Totalausfällen kommt aber nun ein Meister der schnellen Eingreiftruppe bei der Bahn zum Einsatz. Das erkennt man daran, wenn das das Unwort unter Bahnpendlern die Runde macht: „Schienenersatzverkehr!" Ein Wort, wie es nur in Deutschland erfunden werden kann.

Schienenersatzverkehr.

Übersetzung für nicht Pendler: Es fahren Busse statt Züge. Na ja - sollten zumindest.

Der Normalo freut sich über die schnelle Reaktion der Verantwortlichen, der Profi weiß, was ihn erwartet. In wenigen Minuten wird sich das bereits auf dem Bahnsteig vorhandene Chaos auf den Bahnhofsvorplatz verlagern. Dort sollten nun von einheimischen Busunternehmern eilends zusammenorganisierte Busse stehen, die die ungeduldigen Reisenden an ihren Zielort, oder zumindest zur nächsten Bahnstation bringen. Ich hoffe der Begriff „sollten" ist aufgefallen. Meist finden sich nach 30 bis 60 Minuten ein bis drei Busse ein, von denen der hilflose Fahrer keine blassen

Schimmer von seinem Auftrag hat. Spätestens jetzt taucht ein Gehilfe des Meisters der schnellen Eingreiftruppe auf und versucht verzweifelt hunderte von Reisende mit ebenso vielen Zielen auf die wenige Dutzend Plätze in den Bussen zu verteilen und gleichzeitig auch noch die Route und Haltepunkte festzulegen. Dieses „es jedem recht machen wollen" in Verbindung mit der ständigen Beantwortung von Fragen erfordert ein Höchstmaß an Konzentration und Belastbarkeit. Wenn sich denn tatsächlich so jemand erbarmt und in die Arena stürzt, ist davon auszugehen, dass es so ein Supermann ist.

Der erfahrene Pendler indes lässt in dieser Situation erst gar keine Hektik aufkommen. Er weiß, dass es nicht von Nutzen ist, den einzigen Gehilfen noch mehr zu attackieren. Mit einem gewissen Sicherheitsabstand ist hier Beobachten und Zuhören angesagt. Nach wenigen Minuten kristallisiert sich so etwas wie eine Kernaussage heraus und man weiß, in welchen Bus man einsteigen muss, um überhaupt annähernd in die geplante Richtung zu gelangen. Der einzig völlig entspannte ist der Busfahrer selbst, der recht gelassen den Fahrbefehl des Gehilfen abwartet um dann von den Passagieren zu den nötigen Haltestellen gelotst zu werden. Sofern man sich wegen der mindestens drei Stunden Verspätung nicht zu sehr anstellt, gibt es hier wieder die Möglichkeit ganz spannende Verhaltensmuster der Spezies Mensch zu beobachten.

Da dieser extreme Fall -Gott sei dank- nicht an der Tagesordnung ist, wenden wir uns der letzten möglichen Begründung für einen nicht so ganz pünktlichen Arbeitsbeginn zu.

Es handelt sich hier um eine Aus- oder Ansage, oder wie die Bahn sagen würde: „Mitteilung an die Reisenden", die wirklich als das allerletzte Mittel eingesetzt wird. Keiner weiß was los ist, aber irgendjemand hat gemerkt, dass was nicht stimmt und fühlt sich berufen zu informieren.

„Störung im Betriebsablauf!"

Kaum eine Durchsage lässt so viele Spekulationen zu wie diese. Und das nicht nur bei uns Reisenden. Auch die Angestellten suchen verzweifelt den wahren Grund des aktuellen Chaos.

Gerne wird dieser Begriff auch in Kombination mit anderen Begründungen benutzt. „Wegen einer Störung im Betriebsablauf konnte der Zug nicht rechtzeitig bereitgestellt werden."

Wir sehen, vom verschlafenen Lokführer bis zur ernsthaften Unwissenheit kann mit diesem Begriff so ziemlich alles abgedeckt werden. Wohl dem, der über so eine Geheimwaffe verfügt.

Auch wenn es sicherlich verschuldete, unverschuldete und auf jeden Fall noch eine Menge spontane Möglichkeiten gibt, eine Nichtpünktlichkeit zu beschreiben, sind nun aber genug negative Schwingungen verbreitet worden. Der werktägliche Pendelverkehr besteht schließlich nicht nur aus Verspätungen.........

Was gibt es noch Interessantes in der Pendlerwelt?

Flora und Faune hatten wir. Und die Sozialkomponente wurde ebenfalls ausgiebig besprochen.

Gehen wir über in einen Bereich, der im ansonsten meist hektischen Pendleralltag fast schon eine Art Ruheoase darstellt.

Nicht immer gelingt es uns, den direkten Weg mit einem Zug zu bewältigen. Entweder wir haben uns aus Gründen der Bequemlichkeit entschlossen an der nächst größeren Station auf einen Intercity Zug umzusteigen, oder aus diversen Verspätungen heraus haben wir unseren nächsten geplanten Anschluss ganz einfach nicht bekommen. Gehen wir einmal von der selbst bestimmten Variante aus. Diese bewusst gewählte Umsteigezeit kann manchmal nur wenige Minuten dauern. Es ist aber durchaus möglich, dass es sich hierbei auch bis zu einer halben Stunde und mehr handeln kann.

Dann ist kreatives Warten angesagt.

Kreativ, weil geplant. Von uns selbst. Stürzen wir uns nun also in den allmorgendlichen Bahnhofsrummel mit all seinen aufregenden Seiten. Wir haben doch Gleitzeit!

Zwischenzeit

Da wäre zunächst der Hektische. Ok ok, wir kennen Dieter. Aber es ist schon seltsam, wie viele Dieters es in der Welt der Bahnreisenden gibt. Jeden Tag. Und jeden Tag die gleichen. Der Herr im Kaschmirmantel, der uns fast täglich über den Haufen rennt, weil er zur selben Zeit auf genau den gleichen Bahnsteig hechtet, von dem aus wir relativ gelassen Richtung Bahnhofshalle wegschlendern.

Lässt sich sicher von seiner Frau bis vor den Bahnhof fahren. Und kann ihr dann die Schuld geben, dass es jeden Tag so knapp wird für ihn. Vielleicht ist er aber auch Selbstfahrer. Einer von den Machos, die sich bis zum Bahnhofsvorplatz selbst hinters Steuer setzen, um für die Rückfahrt dann ihre liebste Mittelklasselimousine widerwillig an die bessere Hälfte übergeben zu müssen. Voll das peinliche Schauspiel, welches man allerdings auch schon am heimischen Bahnhof ab und an beobachten kann. Alltägliche Hektiker tragen aber nicht immer zwangsläufig Kaschmir.

Auch der Student, Mitte vierzig, mit seinem Cityroller rauscht jeden morgen ohne Rücksicht auf Verluste durch die Gänge um seinen Regionalexpress zu erwischen. Wo will der eigentlich hin? **Hier** ist doch die Studentenstadt. Wahrscheinlich geht´s zum Nebenjob. Und wahrscheinlich wieder mal zu spät. Na ja, wenn man sich von seiner Lebensabschnittspartnerin nicht loseisen kann.

Selbst einigermaßen gelöst (*soweit das morgens um 6:00 Uhr möglich ist*) kann man sich also auf seinen Rundgang begeben. Das geht natürlich nur, wenn wir bereits einen Zug früher als Dieter losgefahren sind. Sonst hätten wir, wie bereits beschrieben, zwischen den Zugwechseln nur wenige Minuten. So aber haben wir aus Gründen der Entspannung etwas mehr Zeit, die wir allerdings am Abend vorher beim Einstellen der Weckzeit bereits berücksichtigen mussten. Egal, wer braucht schon viel Schlaf?

Beginnen wir mit dem Zeitschriftenangebot, da dies das erste Regal ist, das sich uns in der Bahnhofsvorhalle in den Weg stellt. Ein kurzer Blick auf die aktuelle Tageszeitung, die sich mir bereits in passender Höhe auf dem Zeitungsständer entgegenstreckt.

Quasi im Vorbeilaufen eben die wichtigsten Schlagzeilen des Tages erhaschen und man kann im Büro direkt mit dem neuesten Tageswissen auftrumpfen.

Aber nur nicht aufhalten lassen. Stehen bleiben geht schon gar nicht, denn unser Aufenthalt bis zur Weiterfahrt ist schließlich minutiös durchgeplant. Und wir wollen ja noch ein wenig schmökern. Also ab in die Bücherei, Verzeihung in den Laden. Ein solcher Buch- und Zeitschriftenhandel im Bahnhof hat den Vorteil der absoluten Anonymität. Innerhalb der kurzen 7-8 Minuten, die wir selbst benötigen, kommen und gehen mindestens fünfzig Reisende als Kunde und lenken so von uns – dem Leseschmarotzer – ab. Natürlich können wir nicht jeden Tag eine Zeitschrift kaufen. Das würde ein bisschen zu sehr ins Geld gehen und dafür ist der steuerliche Ausgleich durch die Pendlerpauschale nicht annähernd ausreichend. Nein, **Leihlesen** ist angesagt. Dieser Begriff bringt die einheimische Medienbrache zwar nicht weit nach vorne, aber wenn ich einmal in der Woche tatsächlich einige Euro für eine Zeitschrift ausgebe, ist das ein gerechter Ausgleich denke ich. Wenn wir dann die neuesten Softwareprogramme aus den EDV-

Blättern kennen gelernt haben und auch noch mit dem Wissen über das neue Traummotorrad weitergekommen sind, hat sich der tägliche Besuch mal wieder gelohnt.

So, 6:07 Uhr; Jetzt ist eine von mehreren Stoßzeiten morgens vorbei und an unserer Bäckertheke ist niemand mehr vor uns.

Ein kleines Laugenbrezel - wie immer.

Keinen Kaffee dazu, danke. Den gibt es für das gleiche Geld nämlich direkt gegenüber, aber da sind die Becher besser isoliert und – ganz wichtig - größer. Man muss sich schon auskennen und wissen wofür man seinen festen Morgenbetrag ausgibt.

Bretzel in der Tüte, Kaffee am langen Arm und nun langsam (*unser Timing ist jeden Tag gleich gut!*) rauf auf den Bahnsteig. Der nächste Intercity kommt in 10 Minuten. Genau die Spanne, die wir brauchen um das warme Frühstück mit dem warmen Kaffe zu genießen und auf dem Bahnsteig nach dem Rechten zu sehen. Papier und leeren Becher in den Abfall, Zugeinfahrt. Passt. Wie immer. Ja, man entwickelt schon eine gewisse Professionalität in seinen Abläufen. Das kommt immer wieder und immer mehr zum Vorschein. Nicht das wir grundsätzlich ein Gewohnheitsmensch wären, aber wenn es sowieso unausweichlich ist.

Ganz kurz müssen wir aber noch einmal beim Kaffee einhaken. Den gibt es natürlich nicht nur im Bahnhof, sondern auch im Zug. Es gibt Tage, da läuft bereits morgens jemand mit frischem Kaffee durch die Gänge des Intercitys und bietet den Muntermacher direkt am Platz an. Dieses Angebot ist allerdings sehr stark von zwei Faktoren abhängig.

Erstens das gewillte Personal. Nicht jeder Zugbegleiter hat früh morgens bereits den Elan und den Willen seinen Fahrgästen in dieser ausführlichen Form entgegenzukommen. Indes, es gibt solche Mitarbeiter. Ich habe sie selbst schon erlebt.

Und zweitens: Die Technik.

So sich denn im Laufe der ersten zehn Minuten jemand zu einer Willkommensdurchsage an Board durchringt, kommt in zwei von drei Meldungen definitiv der Hinweis auf eine defekte Kaffeemaschine und das damit leider nur zur Zeit ausschließlich KALT-Getränke serviert werden können. Morgens um sechs so eine Cola auf Eis hat doch was. Ob die Technik im Getränkebereich wirklich anfällig, oder der zuständige Bistromitarbeiter einfach sein Timing überdenken sollte, wird der tägliche Fahrgast aber wohl nie so ganz erfahren.

Spannend wird es, wenn tatsächlich der Kaffee durch die Gänge geht und dann auch noch bestellt wird. Hier gibt es wieder zwei Arten von Fahrgästen. Die, die den Preis, den Geschmack und die Lieferung kennen und die, die sich spontan, warum auch immer, einfach nur einen Kaffee genehmigen wollen. Bei ersteren geht das ganz routiniert ab. Hand hoch, zahlen, fertig. Die Unerfahrenen „Selten-Kaffee-im-Zug-Trinker" beginnen meist mit der Frage nach Zucker und Milch. Gibt es vom freundlichen Schaffner dazu, na klar. Steht der Kaffee dann servierfertig vor dem Bahnreisenden, kommt der Preis. Wichtig: Nicht vorher. Und dann folgt meist ein erstauntes Augenbrauen hochziehen. Fast drei Euro! Für einen größeren *Papp*becher mit Kaffee. Im Zug. Man gibt sich natürlich keine Blöße, zahlt und genießt. Oder man lässt es jetzt mindestens so aussehen, bei dem Preis.

Wir lehnen uns entspannt zurück, die Show ist vorbei. Unseren ersten Kaffee haben wir bereits hinter uns und der zweite wartet bereits auf uns im Büro.

Zugdurchsagen

Das wäre nun der nächste Animationspunkt auf unserer täglichen Liste. Durchsagen über die bordeigene High End Lautsprecheranlage im Zug. Ok, ok, irgendwann gibt es für uns Alltagsreisende natürlich keine Überraschungen mehr was den Inhalt angeht. Denn trotz aller Individualität des jeweiligen Stars am Mikrofon gibt es in dieser Branche nur eine begrenzte Bandbreite was die Auswahl und Anzahl der offiziellen Sprüche betrifft. Ich denke das ist vorgeschrieben. Wahrscheinlich ähnlich wie der bereits beschriebene Verspätungskatalog.

Bei den Durchsagen müssen wir das ein oder andere beachten, um sie richtig deuten zu können. Zunächst muss man wissen: Es gibt Unterschiede zwischen den Regionalbahnen und den Fernverkehrszügen. Dann ist weiterhin wichtig, um welche Tageszeit es sich zum Zeitpunkt der Ansage handelt. Früh morgens oder bereits nachmittags. Dazwischen können Welten liegen, was die Sprachgewandheit und Gewilltheit des Mikrofonhalters betrifft.

Beginnen wir chronologisch mit der morgendlichen Begrüßung. Im Nahverkehr ist das recht sachlich. Was soll man auch um 5:17 Uhr erwarten? Persönlicher Handschlag an der Zugtür? Ne komm´, schön dass überhaupt um diese Uhrzeit jemand Offizielles außer dem Lokführer an Board ist. Die Ansage kommt dann auch in der Regel ganz flüssig. Und je nachdem mit welchem Bein der Zugbegleiter an diesem Morgen aufgestanden ist gibt es die lange oder die kurze Form. Wobei ich mir nicht vorstellen kann, dass beide Varianten auf dem Durchsagezettel stehen.

Hat sich der Schaffner dann Kraft eigener Willkür für eine Form der Begrüßung entschieden, kann man direkt sagen, welches Gesicht kurze Zeit später die Fahrkarte kontrolliert. Damit ist nicht nur gemeint, <u>wer</u> heute Morgen durchgeht, sondern auch <u>wie</u>. Am Ton der Durchsage lernen wir im Laufe der Jahre unseren Zugbegleiter zu erkennen.

Im Prinzip gilt das Gleiche für den Intercity. Auch hier im Fernverkehr trennt sich bereits bei der Morgenansage die Spreu vom Weizen. Der Schwierigkeitsgrad des sowieso schon etwas anspruchsvolleren Textes wird noch dadurch erhöht, dass die Durchsage in englischer Sprache wiederholt wird! Schon Monate vor der Fußballweltmeisterschaft 2006 in Deutschland zeigte sich die Deutsche Bahn international ausgerichtet. Was zu Zeiten dieses Großereignisses durchaus angemessen erschien, entpuppt sich nun immer mehr als ein wenig amüsant. Vielleicht haben die nur vergessen, dass die WM vorbei ist.

Wer kann sich nicht noch daran erinnern, wie wir in den ersten Englischstunden in der Schule gelacht haben, weil sich wieder mal jemand beim „th" die Zunge gebrochen hat? Aus „th" wurde meist ein „s", aus „the" und „this" wurde dann „se" und „sis"! War ja auch nicht so einfach. Und ist es für Erwachsene, die nach Jahrzehnten mit der englischen Sprache konfrontiert werden auch nicht. Jedem zweiten Zugbegleiter in den Fernzügen merkt man dies dann auch mehr oder weniger an. Meist mehr.

„Ju häv Anschluss an si lokel träin to Münster....." Wenn ein etwas älterer Mitarbeiter, der auch noch aus dem norddeutschen Raum stammt solche englischen Durchsagen machen muss, kann das eine Stimmung im Zug herbeizaubern, als würde Mario Barth auf RTL im Quatsch Comedy Club auftreten. Der Höhepunkt ist dann meist der letzte Satz: ***„Wir***

bedanken uns für ihre Reise mit der Deutschen Bahn. " Was daran Besonderes ist? Noch nichts, aber wenn auch das auf Englisch durchkommt......: *„We ßänk ju for träwelling wiss DEUTSCHE BAHN!"* Oxford Englisch und dann zum Schluss in allerfeinstem Hochdeutsch: „Deutsche Bahn." Das passt so klasse.

Aber eine Steigerung gibt es noch. Und zwar, wenn nicht nur zwei, sondern sogar *drei* Kulturen der Aussprache bei einer solchen Zugdurchsage aufeinander treffen. Da wartet man als Pendler wochenlang drauf. Das ist wie drei Asse beim Pokern. Quasi die Königin aller Durchsagen. Leider lässt sich dieses Highlight nicht annähernd adäquat in einer Schriftsprache wiedergeben. Das muss man selbst erlebt haben. Wovon die Rede ist? Nun, alle bereits genannten Komponenten wie „älterer Mitarbeiter", „englische Sprache" und dann... garniert mit einem nicht verkennbaren *ostdeutschen, nach Möglichkeit noch sächselndem Akzent*! Es ist nicht vorstellbar, wie diese Mischung aus unterschiedlichen Weltanschauungen auf Reisende wirkt. Da kann sich selbst der Pendler nicht mehr zurückhalten. Wie gesagt, in Schriftform so gut wie nicht darstellbar, weiß man erst wovon ich rede, wenn man es selbst hört. Dann aber dringt es direkt ins Ohr und hinterlässt einen bleibenden Eindruck.

Wenden wir uns ab von der klanglichen Seite und werfen wir einen Blick auf die weiteren möglichen Inhalte von Ansagen, die wir bei jeder Fahrt über uns ergehen lassen müssen. Ja, richtig. Bei *jeder* Fahrt. Neben einer allmorgendlichen, mehr oder weniger freundlichen Begrüßung verfolgt uns als Pendler bei JEDEM Halt, unabhängig von der Tageszeit und der Zugwahl seit einigen Jahren die Ankündigung an welcher Seite wir auszusteigen haben. „*Der Ausstieg befindet sich in Fahrtrichtung links.*" Oder rechts - je nach dem. Auf einmal war sie da. Diese Ansage. Bei JEDEM Halt. Was wohl der Anlass war, dem Zugführer diese Aussage aufs Auge zu drücken? Die ältere Dame, die versehentlich die Tür auf der falschen Seite öffnete und sich unvermittelt mitten auf den Schienen statt auf einem Bahnsteig wieder fand? Und deren pfiffiger Jura studierender Enkel die Bahn daraufhin verklagte? Irgendein ähnlich gelagerter Fall muss es gewesen sein. Warum sollte man sonst von heute auf morgen den Reisenden nicht mehr zutrauen einen Bahnsteig von einem Gleisbett zu unterscheiden? Wie es auch sei, jeden Tag, bei jedem Halt wird uns auch in Zukunft vorsichtshalber mitgeteilt wo rechts und links ist. Und das nicht von der Zugbegleitung, sondern wirklich vom Führerstand vorne. Ist aber auch klar. Der sieht ja am ehesten, wo man ankommt.

Während bei der vorhergehenden Ansage immer noch das Wohl des Reisenden erkennbar ist, gibt es neben den üblichen Verspätungs-meldungen auch durchaus Mitteilungen, die - vorsichtig ausgedrückt - nicht ganz so gerne wahrgenommen werden. Dazu gehört auf jeden Fall:
„*Aufgrund des Ausfalls der Regionalbahn hält dieser Zug heute ausnahmsweise an allen Haltebahnhöfen!*"
Dieser – zugegebenermaßen nicht häufig vorkommende - Satz quäkt häufig dann durch die Lautsprecher, wenn ein von der Uhrzeit früher eingesetzter „Bummelzug" es nicht geschafft hat sich in Bewegung zu setzen und nun alle Reisenden unterwegs von jeder Milchkanne abgeholt werden müssen. Eigentlich wollten wir mit unserer Zugwahl genau das vermeiden. Ein paar Dörfer unterwegs auslassen und fix am Ziel. Aber nun

kommen wir durch die ungeplanten Zwischenstopps nicht nur wesentlich später am Ziel an, sondern unser großzügiges Sitzangebot, bei dem wir unsere Tasche neben uns auf den Sitz stellen können, wird drastisch eingeschränkt. Der Zug wird mindestens doppelt so voll und wir müssen unsere Tasche doch tatsächlich über uns in das dafür vorgesehene Gepäcknetz deponieren.

Die „Milchkannenreisenden" wird es freuen. Trotz ihres eigenen Zugausfalls kommen sie halbwegs pünktlich vom Fleck. Toll, und ich habe nach dem ersten Halt die fünfzigjährige Rothaarige mit ihrem Kunstpelz neben mir sitzen!

Haben wir aber – dank Dieter – den Intercity erwischt, freuen wir uns nach der professionellen Begrüßung auf den netten Hinweis: *„Beginnen Sie den Tag mit einem ausgiebigen Frühstück."* Dann noch ein, zwei Erläuterungen zum Kaffee- oder Buttercrossaintangebot bevor uns der Hinweis auf den Preis den Appetit wieder zurückfahren lässt. Jeden Morgen bestätigt sich so unsere Entscheidung, das Brezel und den Kaffee im Bahnhof zu besorgen. Siehe Zwischenhalt. Abgesehen davon. Wenn ich mich aufraffen würde, zum Frühstück in das Bordbistro zu laufen, dort vor einer womöglich noch nicht ganz einsatzfähigen Kaffeemaschine mit einem ebenfalls noch nicht ganz einsatzfähigen Mitarbeiter zu stehen, könnte es knapp werden, dass ich mein Frühstück bis zum Aussteigen herunter bekomme. Lassen wir dieses verlockende Angebot also besser an uns vorbeiziehen.

Ein wirklich nettes Angebot hingegen ist die folgende aufmerksame Mitteilung an die Fahrgäste: *„In wenigen Minuten erreichen wir den*

Bahnhof xy." In Fernzügen persönlich gesprochen, kommt die Ansage im Nahverkehr meist vom Band. Und fast immer in Verbindung mit dem Hinweis auf die richtige Ausstiegsseite. Auch wenn nach einigen Jahren inzwischen ein kurzer Blick aus dem Fenster genügt, um auf 100 Meter genau festzustellen wo wir uns gerade befinden, so nimmt man diese Info immer wieder gerne an. Es ist nämlich durchaus möglich, dass das ein oder andere Nickerchen uns kurzzeitig die Orientierung verlieren lässt. Örtlich wie zeitlich. Und wenn wir dann durch diese Ansage verschreckt aufwachen, sind wir froh, wenn wir erfahren, dass wir erst **eine** Station zu weit gefahren sind.

Spaß beiseite. Das kommt natürlich so gut wie nie vor. Im Laufe der Zeit entwickelt man so eine innere Uhr. Man liest Zeitung uns weiß ab Seite 7, dass es nun Zeit ist das Blatt einzupacken und sich auf den Ausstieg vorzubereiten. Das ist so drin, mit der Zeit.

Gewohnheiten

Nicht nur das Zeitgefühl selbst, auch so manches andere wird während der Pendlerzeit zwangsläufig zur Gewohnheit werden. Wie im Kapitel „Zwischenzeit" bereits angedeutet gibt es Verhaltensweisen, die bewusst oder unbewusst immer wieder kopiert werden. Und das natürlich wieder - täglich.

Im Grunde beginnt das Spiel bereits beim Aufstehen und der Morgentoilette. Da dieses Prozedere aber zu ziemlich jedem gehört, der täglich zur Arbeit aufbricht, wollen wir auf den Pendler bezogen erst dort ansetzen, wo wir uns vom „normalen" Berufstätigen unterscheiden. Eventuell kann uns morgens noch die Suche nach der Fahrkarte von den anderen unterscheiden, mehr aber zunächst nicht. Wir lernen, den lebenswichtigen Nachweis unserer Fahrerlaubnis so zu deponieren, dass wir ihn immer parat haben.

Als nächstes kommt der Weg zum Bahnhof. Je nach Entfernung zu Fuß, mit dem Fahrrad oder dem Auto. Zu Fuß wäre schon toll, mit dem Rad kann man nur hoffen, dass die örtliche Fahrradstation bereits um diese unchristliche Uhrzeit geöffnet hat. Natürlich der feste Platz für das Bike, egal ob zugewiesen oder nicht. Beim Auto ist das nicht anders. Zugewiesene Parkplätze in Parkhäusern oder Seitenstraßen sind eher selten, trotzdem werden wir versuchen das Auto jeden Morgen an genau der gleichen Stelle abzustellen. Warum? Keine Ahnung. Wahrscheinlich weil wir denken, dass dies der günstigste Platz ist. Oder am wenigsten zu laufen. Oder sicher genug um dort den ganzen Tag zu stehen. Oder einfach nur Gewohnheit.

Weiter geht es. Sind wir auf unserem Bahnsteig angekommen steht der Zug meist schon da. Wenn nicht, sind wir erst einmal ein wenig nervös. Der steht doch schon immer da um diese Zeit. Da gibt es doch ein Problem. Wenn der jetzt nicht da steht, kommt der im Leben nicht mehr pünktlich.

Zu späte Bereitstellung – siehe „Verspätungen".

Aber fast immer steht er ja da. Dann also rein. Immer in den gleichen Wagen natürlich. Der erste, ganz vorne. Warum? Dann sind wir am Zielbahnhof ganz nah an der Treppe und haben nicht so einen weiten Weg zu den Brezeln.

Im Wagen dann – natürlich – immer auf den gleichen Platz. Warum? Keine Ahnung. Wahrscheinlich, weil wir hier, wenn wir manchmal mit dem Laptop arbeiten, am meisten Platz haben. Oder weil wir so die Blondine beim Einsteigen besser im Blick haben. Oder einfach nur aus Gewohnheit.

Am Umsteigebahnhof angekommen beginnt die Prozedur, die bereits bei der „Zwischenzeit" ausgiebig beschrieben wurde. Zur Erinnerung:

Tageszeitung – Zeitschriftenladen – Laugenbrezel – Kaffee – Intercityeinfahrt! Passt – wie immer.

Beim Menschen hinter der Kaffeetheke muss ich allerdings inzwischen ein wenig aufpassen. Wenn ich mich anfangs an die Theke gestellt habe, hat er immer noch gefragt: „Kaffee?" Heute schaffe ich es kaum an die Theke heranzutreten, da steht der Becher bereits fertig da. Aber schön, vielleicht kann ich das noch perfektionieren und das Ganze mit Milch und Zucker ….
Wäre wohl etwas zu viel verlangt.

Beim Intercity – natürlich – das gleiche Spielchen.

Gleicher Wagen wie immer. Wegen der günstigen Aussteigeposition am Zielbahnhof.

Gleicher Platz wie immer. Wegen des kurzen Weges zur Ausgangstür. Hier zählt das alte Sprichwort: „Früher Vogel fängt den Wurm."

Lässig die Sitzlehne zurückgeklappt - wie immer - und dann heißt es abwarten und zusehen. Zusehen wie sich der Zug langsam füllt. Wie Reisende verzweifelt ihre nicht vorhandenen Reservierungen suchen. Wir sagen jetzt mal nicht, dass sie hier im falschen Wagen sind und so den Platz nie finden werden. Ist so viel lustiger anzuschauen.

Genauso wie bei denjenigen, die wir auch schon als Pendler kennen. Sie kommen mit anderen Nahverkehrszügen aus allen Richtungen, um dann in „unserem" Intercity ihre Fahrt fortzusetzen. Und die sich leicht aufregen, wenn jemand anderes bereits auf *ihrem* Platz sitzt.

Wie kann man sich nur so anstellen? Ist doch egal wo man sitzt.

Ein Blick auf die Uhr. Jetzt müsste Dieter langsam die Treppe zum Bahnsteig heraufrollen. Sind nur noch 30 Sekunden bis zur Abfahrt. Die sind aber heute auch wieder knapp! Nicht das wir uns noch wegen denen verspäten. Immer dieses „Warten auf Anschlussreisende".

Abfahrt. Und damit die nächste schwere Entscheidung. Sind ja nicht alles Gewohnheiten. MP3-Player oder Laptop? Oder schlafen? Den Player auf jeden Fall. Auch wenn ich inzwischen alle 300 Lieder auswendig kann. Muss ich mal wieder wechseln. Und jetzt, Laptop und wichtig den Geschäftsmann rauskehren oder einfach nur leicht einnicken? Der Zugbegleiter war schon da, ich kann damit nicht mehr mitten im Schlaf gestört werden, also – Augen zu.

Unsere innere Uhr lässt uns schon rechtzeitig wach werden.

Man muss allerdings auch erwähnen, dass einem diese Gewohnheiten ganz schön auf den Geist gehen können. Nicht jeden Morgen ist man gleich zufrieden und dann kann es schon nerven, wenn man das Gefühl hat, vor wenigen Minuten erst auf dem gleichen Bahnsteig, auf den gleichen Zug gewartet zu haben. Diese „Deja Vus" – Erlebnisse bekommen im Laufe der Pendlerjahre fast schon einen inflationären Touch. War die angesagte Verspätung jetzt für gestern oder für heute. Sollte man morgens einmal nicht ganz ausgeschlafen sein, ist es durchaus möglich, innerhalb kurzer Zeit die zeitliche Orientierung verlieren. Hier hilft uns die Gewohnheit selbst aber wieder weiter. Einfach ohne viel zu überlegen in den gleichen Zug auf dem gleichen Bahnsteig wie immer, dann kommt man sicher da an, wo die Brötchen verdient werden.

Die Kombination von solchen unausgeschlafenen Tagen zusammen mit spontanen Veränderungen im Bahnverkehr kann uns allerdings auch gänzlich verwirren. Müde haben wir es auf unseren Bahnsteig geschafft, Kaffee und Brezel in der Hand um dann nach Minuten der Träumerei auf der Wartebank festzustellen, dass unser Zug heute auf einem anderen Gleis zur Abfahrt bereit steht. Wenn wir es überhaupt merken. Dann heißt es nur; Sofort hellwach und im Spurt über den Bahnsteig. Wenn wir den Zug dann noch erwischt haben, zeugt einzig noch die Kleckerspur unseres Kaffees auf der Treppe von unserem morgendlichen Zustand.

Aber im Laufe der Jahre fährt der Puls nach solchen Aktionen auch schneller wieder runter. Ob sich ein solch hektischer Start in den Berufsalltag allerdings positiv auswirkt, ist zu bezweifeln.

Ebenso unangenehm, aber gleichfalls immer wiederkehrend ist die Freitagsheimfahrt. In der Regel etwas früher als in der Woche warten wir auf unseren Intercity, bei dem wir genau wissen, dass ein Sitzplatz hier Utopie ist. Freitag ist Wochenende, nicht nur für Pendler. Auch lange

Wochenendreisen beginnen Freitagnachmittags. Mit anderen Worten; Der Zug ist übervoll. Um nicht die ganze Strecke stehend zu verbringen haben wir uns im Laufe der Monate natürlich eine Taktik zurechtgelegt. Einstieg und dann direkt zwischen zwei Wagen stehen bleiben. Der nächste Halt im dicht besiedelten Ruhrgebiet ist in fünf Minuten. Die *„Vorabaufsteher"* finden sich langsam an den Ausgängen ein. Da kann man schon sondieren, in welchem Wagen es sich am meisten leert. Dann, beim Halt, alle aussteigen lassen und schnell VOR den ersten Zusteigenden ab in den Wagen und auf einen freien Platz. Na also, wir passen uns doch an.

Jeden Freitag!

Schaffner

So oft ist er im Laufe dieses Buches schon erwähnt worden. Wie selbstverständlich gehört er zum Erscheinungsbild im Bahnverkehr. Wir sollten ihm einige eigene Worte zukommen lassen.

Aus Gründen der Lesbarkeit benutze ich bei den Anmerkungen zum Zugbegleiter (*der früher einfach Schaffner hieß*) die männliche Form. Obwohl gerade bei den weiblichen Mitarbeitern durchaus das ein oder andere Mal ein optisches High Light zu erhaschen ist. Fast alle sind einfach nett. Auch wenn im Alter die englische Aussprache nicht mehr so ganz korrekt rüberkommt. Aber das hat ja nichts mit nett zu tun und wirkt, wie wir bereits wissen, höchstens amüsant. Er oder sie gibt sich Mühe. In den seltensten Fällen – das muss gesagt werden - ist der Schaffner oder Zugbegleiter Schuld an irgendeiner Form von Unannehmlichkeit. Er ist im Grunde genommen, krass ausgesprochen das ärmste Schwein im Zug, wenn es zu einer Verspätung oder sonstigen Unannehmlichkeiten für uns Reisende kommt.

Häufig alleine dem nicht immer sachlichen Volke ausgeliefert, muss hier berufsbedingt freundlich Rede und Antwort gestanden werden. Meist selber völlig im Unklaren über die genauen Umstände in seinem Zug gelassen muss er als offizieller Ansprechpartner versuchen den Pöbel zu beruhigen.

Bei der Konversation mit diesen Offiziellen erkennt man sehr schnell den erfahren Berufspendler und kann ihn leicht vom gestressten „Normaloreisenden" unterscheiden. Während auf der einen Seite resignierte Ignoranz oder allenfalls Sarkasmus an den Tag gelegt wird, ist die Nervosität des „Normalo" deutlich und offensichtlich.

„Erreiche ich meinen Anschluss? Schaffe ich den Urlaubsflieger?" Über solche Sorgen kann der alte Pendlerhase nur müde lächeln. Sich über Umstände aufregen, welche unveränderbar erscheinen; dieses Verhaltensmuster hat der Profi schon lange aus seinem Programm gestrichen.

Der Schaffner auch. Kaum mal, dass er sich aufregt. Und sei die alte Dame auch noch so begriffsstutzig, was die Orientierung bei der Sitzplatzsuche im Zug angeht. Oder der ausländische Mitbürger, der mangels Sprachverständnis nicht den Unterschied zwischen den Begriffen „Verkehrsverbund" und „Intercityzuschlag" versteht. Meist mit Engelsgeduld und recht souverän wird dem Kunden die Sachlage erklärt, oder auch schon mal ein Auge zugedrückt.

Eine etwas andere Gattung von Zugbegleitern sind die Angestellten, die schon an ihrer meist etwas schlechter sitzenden Arbeitskleidung zu er- kennen sind. Nicht das schicke dunkle Blau der Bahnmitarbeiter, sondern schwarz und weiß heißt hier die Anzugsordnung. Um Gottes Willen nicht in den Zügen des Fernverkehrs, sondern auf Strecken im Nahverkehr eingesetzt, sind sie in erster Linie den Schülern oder den Kurzpendlern bekannt. Bei privaten Institutionen beschäftigt, welche durch diverse Ausschreibungsmodalitäten in den Genuss gekommen sind, auf den Bahnstrecken die Fahrgäste zu betreuen. Nicht dass das jetzt falsch verstanden wird. Die Mitarbeiter sind im Prinzip nicht schlechter oder unfreundlicher als ihre Kollegen in der blauen Arbeitskleidung. Sie verdienen nur fast immer weniger und sind in der Regel – sagen wir mal –

weniger routiniert im Umgang mit den Kunden. Da wird auch schon mal ein etwas anderer Umgangston verwendet, um dem pubertierenden 15-Jährigen klar zu machen, dass sein Schokoticket seit 2 Tagen abgelaufen ist. Wenn es denn auch manchmal etwas direkt ist, so haben diese Kollegen sozusagen als Ausgleich zur Optik und zum Benehmen (*es gibt natürlich immer solche und solche*) einen kleinen Fahrwagen dabei, auf dem diverse kleine Leckerlis und Getränke angeboten werden. Als Eisverkäufer auf 400 € - Basis im Kino oder Stadion direkt zum Bahnkunden in den Zug. Na, da kann gleich die Berufserfahrung in diesem Bereich genutzt werden. Aber noch einmal; bloß nicht alle über einen Kamm, wie im richtigen Leben gibt es solche und solche – überall.

Sonstige Abwechslung

Was ist das? Ein Buch über Bahnpendler, dessen regelmäßige, tägliche Eintönigkeit wir lang und breit erläutert haben und dann ein Kapitel mit der Überschrift „**Abwechslung**"?

Geht doch gar nicht. Oder?

Bei allen bereits genannten Gewohnheiten und immer gleichen Abläufen kann der Alltag des gemeinen Bahnpendlers trotz allem auch manchmal aus mancherlei Abwechslung bestehen. Das liegt in erster Linie am jahrelangen Einsatz an und auf der Strecke.

Da gibt es zum Beispiel spektakuläre Einsätze der Bundespolizei (*früher „Bundesgrenzschutz" – ganz früher „Bahnpolizei"*). Wenn sich unter hohem Einsatz zwei Beamte wagemutig dem eingeschlafenen Obdachlosen auf der Wartebank eines Bahnsteigs nähern und auffordern den Bahnhofsbereich zu verlassen. Gut, das ist jetzt vielleicht nicht tatortreif, aber wenn daraus auch noch eine lautstarke Diskussion entsteht und die Ordnungshüter alle Hände voll zu tun haben, kann es schon lustig werden.

Spannender ist natürlich ein Einsatz im Zug. Angetrunkene Fahrgäste, die auch noch ihr gültiges Ticket nicht vorweisen können – oder wollen. In Verbindung mit der Weigerung die Personalien an den Schaffner herauszugeben ergibt sich für uns bis zum nächsten Halt ein toller Spannungsbogen. Zustieg der alarmierten, ausführenden Gewalt und Abfuhr. Für diese Show drücken wir bei der zwangsläufig entstandenen Verspätung beide Augen zu.

Sind wir bei einer anderen Art von Verspätung direkt betroffen, so sind wir in der Regel weniger geschmeidig. Abwechslungsreiche Stopps auf freier Strecke zum Beispiel wegen eines Wildschadens nutzen uns nicht viel, da wir nicht genug Spektakuläres zu sehen bekommen. Das Erlebte steht dann in keinem Verhältnis zur längeren Verspätung.

Tolle Erlebnisse ohne große Verzögerung gibt es jedes Jahr im Herbst.
Die Zeit der Kegelfahrten. Wichtigste Voraussetzung für eine entspannende Vorstellung ist vor allen Dingen ein nicht reservierter Sitzplatz! So abgesichert erwarten wir an größeren Bahnhöfen ein tolles Schauspiel.
Dutzende von gut gelaunten, meist dreißig bis vierzig Jahre alte Kegelschwestern und / oder Brüder gehen auf Tour. Einstieg in unseren Wagen und schon geht es los. Wo sind unsere Reservierungen? Ahnungslose Fahrgäste müssen aufstehen und sich einen neuen Platz suchen. An dieser Meute mit ihren Gepäckstücken vorbei zu kommen gestaltet sich nicht immer einfach. Man stelle sich eine jüngere Dame vor, welche sich ihren Weg durch eine Horde von freigelassenen Kegelbrüdern im besten Alter (*meinen sie zumindest*) bahnen muss. Da ist ein großes Hallo vorprogrammiert.
Noch eine Steigerung gibt es eigentlich nur, wenn zwei Clubs aufeinander treffen. Zehn Männer mit Gepäck und zehn Frauen mit Gepäck stehen sich im engen Gang gegenüber und suchen ihre Plätze. Sprüche ohne Ende von beiden Seiten und dazwischen noch andere aufgescheuchte Fahrgäste.
Herrlich!

Schade dann, wenn man selber nach zwanzig Minuten raus muss. Das Schauspiel ist unbezahlbar.

Etwas weniger spektakulär, aber ebenfalls recht interessant können defekte Einrichtungen wie Zugtüren oder WC-Anlagen sein. Wenn das leicht zu spät losgelaufene Kleinkind mit Mutter vor einer unerwartet defekten Toilette steht (*was so selten nicht ist*) und es dann aber noch ein bisschen fixer gehen muss, um sich einen Wagen weiter erst entleeren zu können. Schon ganz erstaunlich, in was für einer Zeit man durch so einen Wagen kommen kann.

Das gibt es natürlich auch ab und zu bei Wagentüren. „Tür unbenutzbar"

Zu Pendlerstoßzeiten kann auch das ganz lustig werden, wenn sich dutzende von Fahrgästen von einer defekten Tür zur nächsten drängeln müssen. Lustig natürlich nur, wenn man nicht selbst betroffen ist. Gesteigert wird dieser Vorgang nur noch, wenn von draußen bereits die ersten zusteigen.

Dies aber sind alles nur wenige Momente der Abwechslung.

Auf Dauer besteht das Leben eines Bahnpendlers eben wirklich nur aus Routine, Gewohnheit und immer wiederkehrenden Ritualen.

Wohl dem, der auf Dauer verschont bleibt und nur einen kennt, der vielleicht einen kennt …

Eines ist dann aber doch noch erwähnenswert:

Die Blondine von damals ist heute die Mutter meiner beiden tollen Töchter.

Sachen gibt´s.

Das Buch ist meiner Familie gewidmet, die mir trotz meiner langen, täglichen Abwesenheit immer das Gefühl gab eine glückliche Familie zu sein.

Die Qualität der Zeit, die man gemeinsam verbringt, ist wichtiger als die Quantität, dessen bin ich mir sicher.